CW01622330

Türkçede on iki kitabı olan Nihan Kaya, kurmaca eserleri kadar edebiyat, psikoloji ve estetik teori üzerine yazdıklarıyla da biliniyor. Boğaziçi Üniversitesi İngiliz Edebiyatı mezunu. İngiltere'de, University of Essex, Centre for Psychoanalytic Studies'te Psikanaliz üzerine yüksek lisans yaptı. King's College London'da yazdığı doktora tezini *Yazma Cesareti: Acının Yaratıcılığa Dönüşümü* (2013) adıyla kitaplaştırdı. 2005'ten bu yana, edebiyat ve psikoloji alanlarında Avrupa ve Amerika'nın değişik yerlerinde konferans tebliğleri sundu, konuşmalar yaptı. *Çatı Katı* kitabı 2004'te Türkiye Yazarlar Birliği ödülü aldı. İngiltere'de Routledge Yayınlarından çıkan *Dreaming the Myth Onwards: Revisioning Jungian Therapy and Thought* (2008) ve *The Blazing Sublime: Thresholds and Pathways between Jung and Lacan* (2019) kitaplarının ortak yazarlarından. MEF Üniversitesi Psikoloji bölümünde *Psychoanalysis and Literature I* (Psikanaliz ve Edebiyat I) ve *Psychoanalysis and Literature II* (Psikanaliz ve Edebiyat II) derslerini veriyor. Ayrıca, başta Ayrıntı Akademi olmak üzere değişik yerlerde edebiyat, psikoloji, yaratıcılık gibi alanlarda atölyeler ve seminerler yürütmekte.

Twitter @nihanka
Instagram @nihanka7

Romanları: *Kırgınlık* (2017), *Kar ve İnci* (2016), *Disparöni ya da Yaşama Korkusu* (2008), *Buğu* (2006), *Gizli Özne* (2003)
Öykü kitapları: *Ama Sizden Değilim* (2012), *Çatı Katı* (2004)
İnceleme kitapları: *Yazma Cesareti: Acının Yaratıcılığa Dönüşümü* (2013), *Fildişi Kuyu: Psikanalitik Edebiyat Eleştirisi ve Kadın* (2011)
Diğer: *İyi Aile Yoktur* (2018), *İyi Toplum Yoktur: Günlük Hayatta Toplumun Bireyi İstismar Biçimleri* (2019), *Bütün Çocuklar İyidir* (2019)

Bütün Çocuklar İyidir
Nihan Kaya

İthaki Yayınları - 1537

Editör: *Burak Albayrak*
Düzelti ve Son Okuma: *Devrim Horlu*
Kapak Tasarım: *Hamdi Akçay*
Sayfa Düzeni ve Baskıya Hazırlık: *B. Elif Balkın*
3. Baskı, Ekim 2019, İstanbul

ISBN: 978-605-7762-00-9

Sertifika No: 11407

© Nihan Kaya, 2019
© İthaki, 2019

Yayıncının yazılı izni olmaksızın alıntı yapılamaz.

İthaki™ Penguen Kitap-Kaset Bas. Yay. Paz. Tic. Ltd. Şti.'nin tescilli markasıdır.
Caferağa Mah. Neşe Sok. 1907 Apt. No: 31 Moda, Kadıköy-İstanbul
Tel: (0216) 348 36 97 Faks: (0216) 449 98 34
editor@ithaki.com.tr – www.ithaki.com.tr – www.ilknokta.com

Kapak, İç Baskı: Deniz Ofset Matbaacılık
Maltepe Mah. Hastane Yolu Sok. No: 1/6, Zeytinburnu-İstanbul
Tel: (0212) 613 30 06 denizmatbaamucellit@gmail.com
Sertifika No: 40200

NİHAN KAYA

BÜTÜN ÇOCUKLAR İYİDİR

ithaki

İÇİNDEKİLER

Sunuş 11
Ben Çocuğum 15
Ayşe Bugün Oyun Oynamak İstemiyor 18
Yanlış His Yoktur 19
Hisler, Nedenleri Bulunsun Diye Oradadırlar 21
Ayşe, Pamuk'u Taciz mi Ediyor? 23
Taciz Nedir? 24
Nihan, Muhallebi Yanaklı Çocuğu Kovalıyor 26
Defne Bamya Yemek İstemiyor 27
Defne Nohutu Yutmak Zorunda mı? 28
Defne Bu Sefer Bamyayı Yer mi? 29
Defne, Yemeğini Tabağına Kendisi Alıyor 30
Defne Tabağındakileri Bitirmeli mi? 32
Çocuk, Anne ve Baba Birbirlerinden Farklı İnsanlardır 34
Ali, Pusetinde Oturmalı mı? 36
Bana Karşı Hatalı Davranıyorlar mı? 37
Şebnem Yürümek İstiyor 39
Mete, O Tişörtü Giyince Neden Huzursuz Oluyor? 40
Saygı Nedir? 42
İki İnsan Arasında Küçük Olanı Korumalıyız 43
Öncelik Her Zaman Çocuğundur 45
Yasak Bilgi Yoktur 47

Kendimi İfade Etmem Yasaklanamaz 49
Neden Kusursuzum? 51
Neden Utanırız? 53
Leyla, Öğretmeninin Ona Taktığı İsimden Hoşlanmadı 54
Leyla, Yemeğini Hızlı Yemek İstemiyor 56
Leyla Okula Gitmek İstemiyor 58
Can, Otobüste Yer Vermeli mi? 59
Eve Giren Kuş 61
Pencereye Konan Serçe 63
Demir Uyumalı mı? 64
Sevgili Çocuk 66

Çocuklara,

Ve yetişkinlerin içindeki çocuklara,

Haklarımızı hep aklımızın bir köşesinde tutalım ve
sık sık yeniden hatırlayalım diye.

Sunuş

İyi Aile Yoktur'un yayımlanmasını takip eden yıl Türkiye'nin değişik yerlerinde çocuk hakları üzerine konuştum. Özellikle veliler ve öğretmenler sıklıkla aynı şeyi dile getiriyorlardı: "Kitabınızı çok sevdik, ama çocukların kolay anlayabileceği bir kitap daha yazsanız keşke."

İyi Aile Yoktur'u öğrencilerine okuttuğunu söyleyen ilkokul öğretmenleriyle tanıştığımda çok mutlu oluyordum. İmza günlerinde kitabı ilkokul çağındaki çocuğu/yeğeni/torunu için aldığını söyleyen yetişkinler olduğunda da. *İyi Aile Yoktur*'u her yaşta insan için yazdığımı hep ısrarla söyledim.

Karabük'e konuşmaya gittiğimde, Karabük Üniversitesi'nde çocuk gelişimi öğretim üyesi Prof. Dr. Şehnaz Ceylan, çocukların da haklarını anlayabilecekleri, daha anlaşılır dilde yazılmış bir kitaba ihtiyaç olduğunu söyledi. Aynı şeyi –özellikle gelişim psikologlarından– birkaç kişi daha tekrarlayınca, hem çocuklar hem yetişkinler için *Bütün Çocuklar İyidir*'i yazmaya karar verdim.

Hep vurguladığım gibi, her birimizin içinde anne, baba ve çocuk var. Nitekim çocukların içinde de anne, baba ve çocuk var. Sıkıntılarımızın her biri, içimizdeki anne ve babanın içimizdeki çocuğa karşı cephe almasından, onu ezmesinden kaynaklanıyor. Çoğumuz, içimizdeki çocuğa sert, kötü davranıyor, onu korkutuyor, bastırıyoruz. Bunun nedeni, çocuklarla ilgili bazı önyargılara sahip olmamız. Bu kitabın amacı, o önyargıların aşılabilmesine biraz olsun katkı sağlayabilmek. Çünkü içimizdeki çocuğun bizim tarafımızdan sevilmeye, anlaşılmaya ihtiyacı var. Çocuklar için geçerli olan her şey, bu açıdan, yetişkinler için de geçerli. Bu kitaptaki cümlelerin her biri, yetişkinleri de kapsıyor.

Bize içimizdeki çocuğu disipline etmemiz, hizaya sokmamız öğretildi; bunları yapmazsak çocuğun kötü davranacağı hissi ve düşüncesi her birimizin içine yerleştirildi. Hayır, içimizdeki çocuk hiçbir zaman kötü davranmaz. İçimizdeki çocuğun bazılarının "kötü" dediği kimi davranışları oluyorsa eğer, bunun nedeni, içimizdeki anne-babanın içimizdeki çocuğa kötü davranmasıdır. İstismara uğramamış hiçbir çocuk başkalarının "kötü" dediği şekilde davranış biçimlerine ihtiyaç duymaz. Önemli olan, çocuğun bu davranış biçimine neden ihtiyaç duyduğunu anlayabilmemiz.

Bütün çocuklar iyidir. Kötü çocuk, kusurlu çocuk, problemli çocuk, hasta çocuk yoktur. İçimizdeki çocuk da iyi. Çocuğun iyi, her zaman iyi, her zaman kusursuz, problemsiz, sağlıklı olduğunu anlayabilirsek, biz de ona daha iyi anne-babalık edebiliriz. Böylece, çocuğun "kötü", "yanlış", "sorunlu" gibi tabirlerle anılan davranış biçimlerine ihtiyacı kalmaz.

Bütün Çocuklar İyidir'i yayımlanmadan önce Prof. Dr. Şehnaz Ceylan'a, "çocuk dostu" bir başka gelişim psikoloğu, MEF Üniversitesi Rehberlik ve Psikolojik Danışmanlık bölümünde Dr. Öğr. Üyesi arkadaşım Melike Acar'a, Dr. Öğr.

Üyesi Klinik Psikolog İlke Kadıoğlu Sienkiewicz'e, istismara uğramış çocuklarla çalışan psikolojik danışman Cengiz Avcı'ya okuttum. Değerli fikir ve yorumları için her birine teşekkürü borç bilirim. Özellikle Melike'yle bu kitapta yer alan kimi bölümleri tartıştığımız akşam, karşınıza çıkacak kimi ifadelerin şekillenmesinde rol oynadı. Şehnaz Hanım'ın kimi örneklere ve hikâyelere katkısı büyük oldu.

Bana yaşadıkları tecrübeleri aktaran ve hikâyelerini bu kitap aracılığıyla paylaşmama izin veren yetişkinlere ve çocuklara da ayrıca teşekkür ederim.

Bütün Çocuklar İyidir, İyi Aile Yoktur ile başlayan üçlemenin sonuncu kitabı. Umarım herkese, ulaşabildiği bütün çocuklara ve bütün yetişkinlere iyi gelir...

Ben Çocuğum

Ben çocuğum. Annemle babam beni bu dünyaya davet ettiler ve geldim. Bir çocuğu dünyaya davet eden herkes, onu beslemekle, giydirmekle, duygusal ve fiziksel ihtiyaçlarını karşılaşmakla yükümlüdür. Ben hiç kimseye borçlu doğmadım. Ne anne-babam ne de bir başkası benimle "Annen seni dokuz ay karnında taşıdı, annen seni emzirdi, annenin sütünü ona borçlusun," gibi cümlelerle konuşabilir. Ben hiç kimseye borçlu doğmadım. Ama annemle babam, bana borçlular. Sofralarındaki yemeği benimle paylaşmak zorundalar.

Ben çocuğum. Kusurum yok. Olumlu olumsuz herhangi bir şey hissetmekte özgürüm. Üzülebilirim, öfkelenebilirim, korkabilirim, herhangi bir şeyden memnun olmayabilirim. Hislerimi ve düşüncelerimi ifade etme hakkım var.

Ben çocuğum. Yaşım yok. Var olduğum tüm anlar boyunca yine çocuk olarak kalırım. Bazen çocuk olmamın yanına başka sıfatlar eklenir. Yetişkin, ebeveyn, öğretmen, mimar, mühendis olurum. Yönetici, gazeteci, garson, avukat olurum. Ama bir yandan da çocuğumdur. Çünkü herkes çocuktur. Üstelik, çocuk, en değerli yanıdır herkesin. Çocuk olarak haklarımın ve en güçlü taraflarımın farkında olmam, bu yüzden önemli.

Ben çocuğum. Öğrenebilirim, değişebilirim, gelişebilirim. İşte bu, en güçlü tarafım benim. Bugün en sevdiğim renk mavi. Yarın yeşil olabilir. Bugün bazı konularda bazı düşüncelerim var. Yarın bunlar değişebilir ve daha farklı düşünebilirim.

Ben çocuğum. Ve güzelim. Saçlarım bazen sarı, bazen siyahtır. Tenim bazen koyu, bazen açıktır. Ellerim yaşıtlarımınkine göre bazen iri, bazen ufaktır. Gözlerim her renktedir. Bazen zayıf, bazen şişman olurum. Bazen uzun, bazen kısa olurum. Bedenim çeşit çeşit, her şekildedir. Ben çocuğum. Her şekilde, her bedende güzelim. Hatta, güzel, benim.

Ben çocuğum. Bazılarının benden daha güzel, bazılarının benden daha akıllı olduğuna inanan insanlar var. O insanlara bazı şeyler yanlış öğretilmiş. Onlar, bu gerçeği bilmiyor. Ama fark etmez, ben yine de bu hâlimle güzel, bu halimle akıllı, bu hâlimle kusursuzum.

Ben çocuğum. İlgi duyduklarım değişir. Bazen resme, bazen müziğe ilgi duyarım. Bazen kıtalara, dünya üzerindeki sulara ve topraklara, bazen deneylere ilgi duyarım. Bazen sporda, bazen sanatta kendimi güçlü hissederim. Bazen sayılarda, bazen sözcüklerde beceri gösteririm. Aynı konuda bile farklı farklı beceriler gösteririm. Dünyada kaç çocuk varsa o sayıda beceri vardır. Zekâm ve yeteneklerim bana özeldir. Ölçülemez ve bir başkasıyla kıyaslanamaz.

Ben çocuğum. Kendimle ilgili bilmediklerim, bildiklerimden fazla. Her insanın kendisiyle ilgili bilmedikleri, kendisiyle ilgili bildiklerinden fazladır ve bu bilinmeyenler, kaç yaşında olursak olalım, içimizdeki çocukla ilgilidir. İçimdeki çocuğu dinlemeyi öğrenirsem, içimdeki çocuk konuşabilir.

İçimdeki çocuk, ben onu ne kadar iyi dinlersem o kadar iyi konuşur, kendisini o kadar iyi ifade eder. İçimdeki çocuk konuşursa, kendimle ilgili bilmediğim şeyleri öğrenebilir, keşfedebilirim.

Ayşe Bugün Oyun Oynamak İstemiyor

Bugün Ayşe'nin canı sıkkın. İçinden bir şey yapmak gelmiyor.

Öğretmenleri "Haydi, şimdi boya kalemlerimizi çıkaralım!" dediğinde o sessizce oturmaya devam etti. Kollarını bağlamak ve bacaklarını bir ileri bir geri sallamak istiyor sadece. Herkes bir şeyler yaparken o, sandalyesinde öylece oturuyor.

Eren Ayşe'ye "Yeni uçurtmam çok güzel," dedi; "Bahçeye çıkalım ve onu birlikte uçuralım." Ayşe "Hayır," diye cevap verdi; "Ben burada oturmak istiyorum."

Sonra Zeynep ve Melis Ayşe'nin yanına geldiler: "Evcilik oynuyoruz. Bize katılsana!"

Ayşe, "Oyun oynamak istemiyorum. Ben burada oturacağım," dedi.

Sizce Ayşe oyun oynamayı istememekte haklı mı?

Yanlış His Yoktur

Yanlış his diye bir şey yoktur. Var olan bütün hisler doğrudur. Ben bir şey hissediyorsam eğer, o his yanlış olamaz. Üzülebileceğimi, öfkelenebileceğimi, korkabileceğimi, bana sunulan bir şeyden memnun olamayabileceğimi söylemiştim. Eğer ben üzülüyor, öfkeleniyor, korkuyor, herhangi bir şeyden rahatsız ya da şikâyetçi oluyorsam ve bu hissimi ifade etme hakkıma saygı duyulmuyorsa, orada bir sorun vardır. Çünkü hislerim, bana kendimle ilgili bir şeyleri söylemek için oradadırlar. Hislerimi tanımazsam kendimi de tanıyamam. Hislerimi tanımazsam, içimdeki çocuğun konuşmasını engellemiş olurum.

Hiçbir his yersiz değildir. Olumlu, olumsuz bütün hislerimin farkına varmam, hiçbir hissimden dolayı rahatsız olmamam, hiçbir hissimden utanmamam gerekir. Birileri bana o ya da şu şekilde hissettiğim için kendimi kötü, suçlu hissettiriyorsa bunun da farkına varmalıyım. O kişilerin bu konuda bana karşı hata ettiklerini bilmeliyim. O kişiler, aslında benim hislerimden değil, kendi içlerindeki çocuğun olumsuz hislerinden rahatsızlar. Ancak bunu bilmiyorlar, onları rahatsız eden şeyin benim hislerim olduğunu sanıyorlar. Kendi hislerinden rahatsız olmayan kimse, bir başkasının hissinden de rahatsız olmaz. Oysa bir insanın hissinden rahatsız olmak, bu hissi yasaklamak, birine "Bunda üzülecek bir şey yok, bunda korkacak bir şey yok, bunda kızacak bir şey yok, o kişiye kırılmaman gerekir," gibi cümlelerle konuşmak duygusal istismardır.

Hislerimin varlığı her zaman, olması gerektiği gibidir. Hislerimin yoğunluğu da her zaman olması gerektiği gibidir. Kendilerine bazı hisleri yasaklayan kimseler, bazen de başkalarının hislerinin *şiddetinden* rahatsız olurlar. "Bunda *bu kadar* üzülecek bir şey yok, bunda *bu kadar* korkacak bir şey yok, bunda *bu kadar* öfkelenecek bir şey yok, bunda *bu kadar* kırılacak bir şey yok, abartıyorsun." gibi cümlelerle konuşurlar. Bu gibi cümleler, istismardır. Bizimle böyle konuşan biri, hislerimize saygı duymadığı gibi hislerimizin şiddetine de saygı duymuyordur. Eğer biri bizimle böyle konuşursa, bunun yanlış olduğunu bilmeliyiz.

Hislerimiz, biz onları sahiplenelim, onları anlayalım diye vardır. Hislerimizin varlığından ya da ölçüsünden rahatsız olursak, kendimizi tanıyamayız. Hislerimizi ezmek, yok saymak, içimizdeki çocuğun geri çekilmesine neden olur. İçimizdeki çocuk kendisini rahat, özgür ve mutlu hissetmezse, biz de mutlu olamayız.

Hisler, Nedenleri Bulunsun Diye Oradadırlar

Eğer kendimi herhangi bir şekilde kötü; üzgün, korkmuş, öfkelenmiş hissettiğimi fark edersem, bu hissimin nedenini bulmak işlerimi kolaylaştırabilir. Zaten hisler, nedenleri bulunsun diye vardır. Bizi o nedenlerin izini sürmeye çağırırlar.

Bir hissin direkt olarak kötü bir davranışa neden olduğu doğru değildir. Eğer hislerimi bilir, anlar, nedenlerini bulursam, o ya da bu şekilde davranmakta özgür olurum. Davranışımı seçme özgürlüğü ve iradesi bana aittir. Hislerimi ne kadar tanır ve anlarsam, kimilerinin "kötü" ya da "yanlış" dediği bazı davranışlar yerine başka davranışlar seçmekte o kadar özgür olurum. O ya da bu şekilde davranma iradem elimde hissedebilmem için, hislerimle yüzleşebilmem önemlidir.

Bazen, birinin bana yaptığı bir şeyden dolayı kötü hissedebilirim. Kimin hangi davranışının bende hangi hisse neden olduğunu fark etmem önemlidir. Bir davranış beni rahatsız ediyor, üzüyor, incitiyorsa, kendimi o davranışa karşı korumam gerekir.

Bundan yıllar önce, İngiltere'ye ilk taşındığımda, panolarda karşıma sıklıkla çıkan bir sözcük keşfettim: "Harassment". "Harassment"ı Türkçeye "taciz" olarak çevireceğim. Okulda ve başka birçok yerde duvarlarda asılı afişlerde hep bu sözcük geçiyordu. Bir gün İngiliz arkadaşım Megan ile okulda yürürken şöyle bir afiş gördüm: "Are you harassed? Call us!" Yani: "Seni taciz mi ediyorlar? Bizi ara!"

Megan'a tacizin ne demek olduğunu sordum. Megan "Mesela sen birinin seni aramasını istemiyorsan ve o yine de seni arıyorsa, bu tacizdir," dedi.

Bu cümle üzerine hâlâ düşünürüm. Çünkü bu cümleyi duymadan önce, bazı kimselerin beni aramasından ne kadar rahatsız olduğumu hiç fark etmemiştim. Biri beni aradığında ve ben o beni aradı diye mutsuz olduğumda, sorun bende sanıyordum. Bu yüzden, kişinin beni ben istemediğim halde arama hakkı olduğuna inanıyordum farkında olmadan. Arandığımda mutsuz olduğumu kendime tam anlamıyla itiraf edemiyor, mutsuzluğumu bastırıyor ve sanki bu hissim yokmuş gibi davranıyordum. Bu cümle, mutsuz olma hakkımın olduğunu ve ayrıca, beni mutsuz eden davranışlara karşı kendimi koruma hakkımın da olduğunu fark etmemi sağladı.

Ayşe, Pamuk'u Taciz mi Ediyor?

Ayşe'nin Pamuk isminde bir kedisi var. Pamuk, kocaman bir tüy yumağı. Pamuk dünyanın en yumuşak yastığı gibi. Ayşe bu yüzden Pamuk'a sarılmayı çok seviyor. Pamuk'u yakalayınca bırakmıyor. Onu kollarında sıkı sıkı tutuyor, seviyor, mıncıklıyor. Pamuk serbest kalmak için çaresizce çırpınıyor. Ama Ayşe Pamuk'un gitmesine izin vermiyor.

Pamuk, Ayşe'yi görünce artık kaçıyor. "Kaçma!" diye bağırıyor Ayşe Pamuk'un ardından; "Kaçma! Buraya gel! Seni seveceğim!"

Pamuk, Ayşe onu bulamasın diye koltuğun altına saklanıyor. Ayşe okula gidene kadar oradan çıkmıyor. Ayşe'nin okuldan geldiğini duyunca yıldırım hızıyla arka odalara koşuyor.

Annesi Ayşe'ye "Senin içinden sarılmak gelmeyince ben sana sarılmıyorum," dedi; "Duygularına saygı gösteriyorum. Sen istemediğin halde sana sarılsam, seni öpsem kötü olmaz mıydı?"

Siz bu konuda ne düşünüyorsunuz? Pamuk, bir yastık değil. Ayşe Pamuk'u taciz mi ediyor?

Taciz Nedir?

Birinin bizi aramasını istemiyorsak ve o bizi arıyorsa, birinin bize dokunmasını istemiyorsak ama o bize dokunuyorsa, bu, tacizdir. Karşımızdaki kişi en yakınımız, sözgelimi annemiz, babamız, ağbimiz, ablamız, kardeşimiz, dedemiz, teyzemiz, amcamız bile olsa, bize yapılan davranışı gerçekten isteyip istemediğimizin muhakkak farkında olmalıyız.

Ben bunun farkında olabilmek için küçük düşünce egzersizleri yapıyorum. Kendimi nedenini bilmediğim şekilde mutsuz ya da rahatsız hissettiğimde "Hangi sebeple böyle hissediyorum?" diye düşünüyorum. Biri herhangi bir şey söylediğinde ya da yaptığında, kendime "Bu söz/davranış beni bir şekilde üzüyor, incitiyor, rahatsız, huzursuz ya da mutsuz ediyor, korkutuyor mu?" diye soruyor, sorumun cevabını kendi içimde tartıyorum.

Hislerim, beni hep doğru yönlendiriyorlar. Nasıl hissettiğimi bulunca, durum hakkında ne düşüneceğimi de buluyorum yavaş yavaş.

"Bu söz/davranış bana kendimi değersiz hissettiriyor mu?" kendime sorduğum bir başka önemli soru; çünkü hiç kimse kendisini değersiz yahut bir başkasından daha aşağı hissetmemeli. İşte bu nedenle, bana kendimi değersiz hissettiren bir söz ya da davranış doğru olamaz. Bütün insanlar eşittir. Bir insan kendisini bir başka insanın yanında ondan daha güçsüz, çaresiz, daha az hak sahibi hissediyorsa, bu, orada bir sorun olduğunun kanıtı.

"Taciz" sözcüğü, "istismar" dediğim şeyle aşağı yukarı aynı anlama geliyor. Fiziksel taciz ve duygusal taciz arasında da net bir fark yok. Biri bana benim istemediğim şekilde dokunuyorsa, bu, fiziksel tacizdir. Biri, bakışlarıyla, sözleriyle, davranışlarıyla beni üzüyor, duygularımı incitiyorsa, buna da "duygusal taciz" diyebiliriz.

"Taciz", ister fiziksel olsun ister duygusal, sınırlarımızla ilgili. Bana ben istemeden dokunan kişi de, bana beni incitecek şeyi söyleyen kişi de sınırlarımı ihlal etmektedir. Bu nedenle, sınırlarımın farkında olmam önemli. Sınırlarımı koruyamazsam, kendimi de koruyamam ve başkalarının beni üzmesine izin verebilirim.

İster çocuk olsunlar ister yetişkin, kişilerin dokunulmama hakkı vardır. Hiç kimse, bana benim iznim olmadan dokunamaz. Hiç kimse, benim iznim olmadan, bedenime zorla bir şey yapamaz. Birinin bana ben istemeden dokunması hâlinde kendimi savunma, beni rahatsız eden bu davranışı reddetme, başıma gelen şeyi başkalarına anlatma hakkım engellenemez. Bu haklarımı engelleyen kişiler suç işlemektedir. Bütün haklarım Türk Ceza Kanunu ve Dünya Çocuk Hakları Bildirgesi tarafından, hem Türkiye'de hem dünyada korunmaktadır.

Nihan, Muhallebi Yanaklı Çocuğu Kovalıyor

Nihan ilkokula yeni başlamıştı. Sonra, onu gördü: Yanakları aynı muhallebi gibiydi. Beyazdı ve tombuldu. Nihan muhallebileri okşayamıyordu. Ama bu yanaklar hem yumuşacıktı hem de okşanabiliyordu. Nihan bu yüzden teneffüs zili çalar çalmaz tombul yanaklı çocuğun yanına gidiyor, sonra tek eliyle onun muhallebi yanaklarını okşuyordu. Bir aşağı bir yukarı. Bir aşağı bir yukarı.

Muhallebi yanaklı çocuğun gözleri Nihan'ı görünce korkuyla doluyordu. Nihan yanında dikilip onun yanaklarını okşamaya başlayınca gözlerini yere dikiyordu. Sonra, çocuk kaçmaya başlıyordu. Muhallebi yanaklı çocuk önde, Nihan arkada, okulun koridorlarında koşuyorlardı.

Nihan, muhallebi yanaklı çocuğa yaptığı şeyin "taciz" olduğunu sonra anladı. Çocuk istemediği halde onun yanaklarını okşamaya hakkı yoktu. Nihan, çocuğu "muhallebi" olarak görüyordu. Ama Pamuk'un yastık olmadığı gibi, çocuk da muhallebi değildi. Dokunulmama hakkı vardı.

Sonra Nihan büyüdü ve bu satırları herkesle paylaştı.

Defne Bamya Yemek İstemiyor

Defne iki buçuk yaşında. Annesi Defne'nin ağzına bir kaşık bamya verdi. Defne, bamyayı sevmemiş olacak ki yüzünü buruşturdu, ağzındakileri geri çıkardı. Annesi Defne'ye kızmadı. "Bamyayı sevmemiş olabilirsin. Sana verdiğim bir şeyi yememe hakkın var," dedi ve Defne'ye bu sefer mercimek verdi. Defne mercimeği iştahla yedi.

Defne'nin annesi çok haklı. Bir çocuk, bir yiyecek kaşıkla ağzına verildi diye o yiyeceği yemek zorunda değil. Çocuk, ağzına verilen yiyeceğin tadını sevmemiş olabilir. Çocuk, doymuş ve artık daha fazla yemeyi istemiyor olabilir. Çocuk, aklımıza gelmeyen herhangi bir nedenle o yiyeceği yutmak istemeyebilir.

Çocukların, ağızlarına uzatılan bir yiyeceği ağızlarına almayı istememe ve ağızlarını açmama hakları vardır. Bir çocuk, sadece yiyecekleri değil, kendisine sunulan ve teklif edilen her şeyi reddetme hakkı olduğunu bilmeli. Biri bize bir top atıyor diye, o topu tutmak zorunda değiliz.

Defne Nohutu Yutmak Zorunda mı?

Defne'nin teyzesi, Defne'nin annesine "Defne dün ağzına verdiğin nohutu çıkardığında ona çok kızmıştın," dedi ve neden Defne'nin bamyayı ağzından çıkarmasına anlayış gösterirken nohutu çıkarmasına öfkelendiğini çok güzel açıkladı:

"Çünkü sen de bamyayı sevmiyorsun. Bu yüzden Defne'nin bamyayı istememesine hak verebiliyorsun. Nohutu sevdiğin için, Defne'nin nohutu sevmeme hakkına saygı duyamıyorsun."

Defne'nin annesi bunu duyunca çok şaşırdı, çünkü Defne'nin teyzesi haklıydı. Kendisi nohutu seviyor ve zorlanmadan yiyebiliyor diye, Defne'nin nohut yemeyi istemeyişi ona yanlış görünmüştü. Ama hatasını anlamasıyla ve kabul etmesiyle birlikte sorun çözüldü. Defne'den daha önceki davranışı için özür diledi ve bir daha Defne'yi istemediği bir şeyi yemeye zorlamadı.

Defne Bu Sefer Bamyayı Yer mi?

Evet, bir şeyi sevmeme hakkımız vardır. Ama bugün sevmediğimiz bir şeyi yarın sevmeye başlayabiliriz. Tadı bugün bize çok güzel gelmeyen bir yiyeceği yarın çok lezzetli bulabiliriz.

Defne'ye de böyle oldu. Babası o gün pazardan daha önce aldıklarından farklı, küçücük bamyalar almıştı. Eve gelince "Yeni bir tarif öğrendim," dedi; "Şimdi bunlardan nasıl bir yemek yapacağım görün!"

Sonra, Defne'nin babası, bu küçük bamyaları bol soğan ve bol domatesle pişirdi. Babası yemeği pişirirken mutfaktan öyle güzel kokular geliyordu ki Defne "Harika!" dedi; "Bu yemeğin tadına bakacağım!"

Sofraya geçtiklerinde Defne büyük servis kaşığını eline aldı ve tabağına birazcık bamya koydu. Bamyanın tadına baktığında "Hmm, çok güzel olmuş!" dedi. Servis kaşığına yeniden uzandı. Bugün yediği bamya, daha önce yediği bamyadan farklıydı. Kendisini bu keyiften yoksun bırakmadığına memnundu. İyi ki babasının pişirdiği yemeğin tadına bakmıştı!

Defne, Yemeğini Tabağına Kendisi Alıyor

Konu ister yemek olsun ister başka bir şey, anne-babalar ve çocuklar, çocuğun neyi sevdiğini, neyi sevmediğini karşılıklı keşfedebilirler.

Defne o gün, anne ve babasıyla birlikte, bamyayı ne şekilde sevdiğini keşfetti. Defne'nin ve anne-babasının karşılıklı keşfettiği bir şey daha vardı: Defne yemeğini tabağına kendisi koyduğu zaman onu çok daha büyük keyif alarak yiyordu!

Bunu keşfetmek, hepsinin işine yaradı. Bu keşiften sonra, evdeki yemek alışkanlıkları değişti. Anne ve babası evdeki yemeklerin her birini masaya getiriyorlar, Defne bu yemeklerin hangisinden hangi miktarda isterse o kadarını tabağına alıyordu. Defne artık kendisini yemek yerken çok daha özgür hissediyordu.

Defne, ağzına aldığı yemeğin tadını sevmediğinde onu tükürmeyi de kendiliğinden bırakmış oldu böylece. Artık böyle bir ihtiyaç duymuyordu. Olur da yemeğin tadını beğenmezse, lokmasını tabağının yanındaki peçetenin içine çıkarıyordu. Fakat bu artık çok nadir oluyordu.

Demek ki Defne'nin eskiden yemekleri tükürmesinin

nedeni, kontrolün kendi elinde olmadığı hissiydi. Hangi yemekten ne kadar yiyeceğinin kontrolünü kendisinde hissettiğinde, yemekleri de daha çok sevmeye başladı. Hangi yiyeceği sevdiğini ve hangi yiyeceği nasıl sevdiğini hevesle keşfe çıkıyordu.

Defne Tabağındakileri Bitirmeli mi?

Annesi, Defne'ye yemek yediriyordu. Defne, artık daha fazla yemek istemediğini söyledi. Annesi ise tabağını bitirmesi için ısrar ediyordu. Defne'nin babası, eşine "Defne doydu. Defne'nin yeterince yediğini ve doyduğunu sen de biliyorsun. O halde neden daha çok yemesi için ısrar ediyorsun?" diye sordu.

Defne'nin annesi bir süre düşündü. Sonra dedi ki: "Çünkü yemek yaparken emek verdim. Yaptığım yemeği bu tabağa koyarken de emek verdim. Bu emeğim ziyan olsun istemiyorum."

Defne'nin annesi bunu söyleyince kısa bir sessizlik oldu. Sonra üçü birden gülmeye başladılar. Defne'nin annesi, Defne'ye "Yemeği çöpe atmak, doyduğun halde sana zorla yedirmekten daha iyi," dedi; "Çünkü senin miden çöplük değil. Sırf ben istiyorum diye yemen, hem ruhuna hem bedenine zarar verir. Bu, yemeği çöpe dökmekten daha büyük ziyan. Yemeği tabağa koyarken miktarı sana sormamıştım. Buna rağmen hepsini yemeni bekledim. Az önce seni zorladığım için özür dilerim."

Defne'nin babası "Yemeği çöpe atmamıza gerek yok ki. Defne tabağını sonra, yeniden acıktığında bitirebilir," dedi.

Sonra ne yaptılar bilmiyorum. Ama üçü birden yine güldüler ve annesi, Defne'yi bir daha yemek konusunda zorlamadı; bunu biliyorum.

Çocuk, Anne ve Baba Birbirlerinden Farklı İnsanlardır

Çocuklar, anne-babalarından ayrı insanlardır. Anne-babalarının sevdiği bir şeyi sevmeyebilir, anne-babalarının sevmediği bir şeyi sevebilirler. Eğer çocuğun anne-babasının yahut bir başkasının çocuğun anne-babasının seveceği şeyleri seveceği, onların isteyeceği şeyleri isteyeceği, onların düşündüğü şeyleri düşüneceği gibi bir beklentisi varsa, bu kişi, çocuğun anne-babasından *ayrı* bir insan olduğu gerçeğini göremiyordur.

Çocukların istekleri ve anne-babaların istekleri her zaman aynı olmaz; bu, normaldir. Defne kendisine verilen yemeği ağzından çıkartınca etraf kirleniyordu ve Defne'nin annesi yahut babası bu yemek artıklarını temizlemek zorunda kalıyorlardı. Defne'nin anne ve babasının, etrafın temiz ve düzenli olmasını istemesi, Defne'nin herhangi bir yemeği herhangi bir nedenle yemek istememesi kadar normal.

Ama şu da var: Defne ağzına verilen lokmayı geri çıkardığında anne-babası etraf kirlendi diye öfkeye kapılıyorsa eğer, bu öfke aslında Defne'yle değil, kendileriyle ilgili. Anne-babaların ve öğretmenlerin hayatının zorluklarıyla çocukların hayatının zorlukları birbirinden *ayrı*.

Anne, baba ve çocuklar, ortak bir aile hayatı yaşasalar da, bir yandan birbirlerinden *ayrı* bir hayatı yaşıyorlar. Evdeki her bireyin *ayrı* bir hayatı olduğunu görmek ve kabul etmek, bu gerçeğe saygı göstermek, ortak aile hayatını daha güçlü kılıyor.

Ali, Pusetinde Oturmalı mı?

Geçen hafta metroda Ali isminde bir çocuk gördüm. Ali pusetinde oturmak istemiyor ve bağlı olduğu pusetinden kalkamadığı için ağlıyordu. Metroya binmeden önce de Şebnem'i görmüştüm. Babası Şebnem'i zorla pusetine oturtmaya çalışıyordu.

Şebnem'in babası öfkeliydi; çünkü kendisi Şebnem'in pusetinde oturmasını istediği için, Şebnem'in pusetinde oturmayı istememe hakkını göremiyor ve bu hakka saygı gösteremiyordu. Şebnem'in kendisinden ayrı bir insan olduğunu fark edebilseydi eğer, hem kendi isteğini hem de Şebnem'in isteğini görür, her iki isteğe de ayrı ayrı hak verince, öfkesinin aslında Şebnem'e olmadığını anlayabilirdi.

Bana Karşı Hatalı Davranıyorlar mı?

Çocuklar, herhangi bir insanın istediği şekilde durmak zorunda değillerdir. Eğer içlerinden gelmiyorsa, sırf biri onlardan istedi diye poz vermek, fotoğraf makinesine gülümsemek zorunda değillerdir. Çocukların somurtma ve memnuniyetsiz olma hakkından bahsetmiştim. Aynı şekilde, çocuklar o ya da bu şekilde durmak, oturmak, yürümek istiyorlarsa eğer, onları engelleyen bir şey olmaması gerekir. Her insan, kendi istek ve ihtiyaçlarının farkında olmalı. Kendi istek ve ihtiyaçlarımız, bizden beklenenlerle aynı değilse eğer, bizden bu davranışları bekleyen kimselerle hiç korkmadan konuşabilmeliyiz.

Eğer bizden beklenenler hakkında özgürce tartışamadığımız bir ortamdaysak, orada bir yanlış vardır. Bir masada, oradaki herkesle eşit şekilde "Ben şu konuda bana yanlış davrandığınızı düşünüyorum," diyemiyor, başkalarıyla onların bize davranış şekilleri hakkında konuşamıyorsak, hatta bu davranış biçimlerini sorgulamamıza izin verilmiyorsa, orada bir istismar vardır.

Bu "başkaları", anne-babamız, dedemiz, öğretmenimiz,

kısaca *herkes* olabilir. Biri bize ne kadar yakın olursa olsun, onu ne kadar seversek sevelim, herkes bizden *ayrı*dır; kendimiz dışındaki her insan, bir başkasıdır.

Ayrı bireyler olmamız, aile birliğimize zarar vermez. Tam tersine, bu birliği daha güçlü, daha sağlıklı hâle getirir. Birbirimizin farklılıklarına ne kadar saygı duyarsak o kadar "iyi aile" oluruz. Ne kadar ayrıysak o kadar iyi birleşiriz.

Şebnem Yürümek İstiyor

Şebnem'in babası, Şebnem'i zorla pusetine oturtmaya çalışıyor, Şebnem'in oturmayı istememe hakkına saygı göstermiyordu. Babasının Şebnem'den beklediği, saygı değil, itaatti. Böyle bir durumda Şebnem'in, babasının isteğini reddetmeyi düşünememesi, saygıyı değil itaati öğrendiği anlamına gelir.

İtaat, birinin isteklerine koşulsuz şartsız uyma zorunluluğu hissetmek demektir. Bazen, bizden istenen şeye karşı çıkarız; buna rağmen içimizde itaat duygusu vardır ve bizden istenen şeyi yapmadığımız için bir yandan da suçluluk duyarız. Suçluluk duyduğumuzda, davranışımızın birini incitip incitmediğine bakalım. Davranışımız birini incitiyorsa kuşkusuz bu davranışı değiştirebiliriz. Davranışımız kimseyi incitmediği hâlde suçluluk duyuyorsak, neden suçluluk duyduğumuz üzerine düşünebiliriz.

Mete, O Tişörtü Giyince Neden Huzursuz Oluyor?

Mete fıstık yeşilini çok seviyordu. Alışverişe çıktıklarında kendisine fıstık yeşili bir tişört almak istedi, ama anne-babası ona "Bu ne biçim renk!" diye karşılık verdiler. Mete yine de yeşil tişörtü almakta diretti. Sonunda Mete'nin istediği alındı, ama anne-babası tişörtü alırken yüzlerini buruşturdukları için Mete kendisini suçlu hissetti.

Mete bu tişörtü aslında severek almıştı. Yine de tişörtü her giydiğinde kendisini huzursuz hissediyordu. Üstelik, Mete tişörtü giydiğinde, anne-babası ve diğer büyükler bazen yüzlerini buruşturuyorlardı. Dedesi bir kere Mete'nin tişörtüne bakarak "Hiç sevmiyorum şu tişörtü!" dedi. "Sevme," diye karşılık verdi Mete, "Sen, ben misin?"

Burada saygısızlık yapan kişi, Mete değil, Mete'nin dedesi. Mete'nin dedesi, yeşili sevmiyorsa eğer, kendisi yeşil giymemekte özgür. Mete'nin yeşili sevme ve giyme özgürlüğü olduğu gibi. Mete'nin yeşili sevme hakkına saygı duyulmamıştı.

Aynı şey, Mete'nin odası boyanırken de yaşandı. Mete,

odasının duvarlarını fıstık yeşiline boyatmak istedi. Evin başka her yerinin hangi renge boyanacağına hep anne-babası karar vermişti. Ama sıra Mete'nin odasına gelince, "Ama bu renk çirkin," diyerek, Mete'nin odasının o renge boyanmasına izin vermediler. Halbuki evin diğer odalarına renk seçerken Mete'ye sormamışlardı.

Saygı Nedir?

Saygı sözcüğü maalesef çok kez yanlış kullanılıyor. Bu sözcüğü her duyduğumuzda yeniden düşünelim. Çünkü, karşılıklı olamayan bir şeye "saygı" adını veremeyiz.

Şebnem gibi Mete'den de beklenen, saygı değil, itaatti. Eğer biri bizi eleştiriyorsa ama biz onu eleştiremiyorsak, eğer biri bize öfkeleniyorsa ama bizim ona öfkelenmemize izin verilmiyorsa, orada itaat vardır. İtaat, saygının aksine, sağlıksız bir durumdur. Saygı, karşımızdaki kişinin istediğini hissetme, istediğini sevme ve sevmeme, dilediğini düşünme ve düşünmeme hakkına saygı duymayı içerir.

Mete, "Odamı yeşile boyatmam ve yeşil tişört giymem belki de anne-babamı incitiyor," diyor. Hayır, Defne'nin nohut yememesi nasıl kimseyi incitmiyorsa, Mete'nin odasını istediği renge boyaması da kimseyi incitmiyor. Bize "Çocukların büyüklerine itaat etmesi gerekir," diye öğretildiği için, bu durumlarda yetişkinler inciniyor zannediyoruz. Oysa kişiler birbirlerine saygılı davrandıkları zaman hiç kimse incinmemiş olur.

İki İnsan Arasında Küçük Olanı Korumalıyız

Yaşımız ne kadar küçük olursa her şeyden o kadar çok etkileniriz. Üstelik, yaşımız ne kadar küçükse, bizi inciten şeyin ne olduğunu anlayabilmemiz ve ifade edebilmemiz o denli güç olur. Bu nedenle, mesela on yaşındaki bir insanla beş yaşındaki bir insan arasındaki bir meselede, "Burada yaşı daha küçük olan kimsenin sorununu gerçekten anlıyor muyum?" diye sormalıyız önce kendimize.

Yetişkinler ve çocuklar arasındaki meselelerde de öncelikli olarak anlamamız gereken kişi, her zaman çocuktur. Yasalar da, az önce değindiğim nedenlerden dolayı, yetişkinler karşısında her zaman çocuğu korurlar. Hukukta çocukların hakları yetişkinlerin haklarından önce gelir.

Mert, on beş yaşında. Yetişkin biri, Mert'e istemediği bir şekilde dokunmaya yeltenmişti. Mert dokunulmayı istemediği için bu kişiye yerde bulduğu bir taşla vurarak kaçmıştı. Yetişkin bu darbe sonucunda yaralanmıştı. Buna rağmen, ceza alan kişi Mert değil, yetişkin oldu.

Mert yetişkin olsaydı, karşısındaki kişiyi kendisini savunmak için yaraladığından, ceza almayacaktı. Ama burada yetişkinin dokunmaya yeltendiği kişi on sekiz yaşının altında olduğu için, yetişkinin aldığı ceza çok daha ağır oldu.

Öncelik Her Zaman Çocuğundur

Çok sevdiğim bir yazar olan Alice Miller, şuna benzer bir hikâye anlatıyor:

Bir adama araba çarpıyor. Kazaya uğrayan adamı alelacele hastaneye yetiştiriyorlar. Doktorlar hasta adamı iyileştirmeye çalışırken, kazayı yapan şoför hastaneye geliyor ve doktorlara, hemşirelere, kazada kendisinin suçu olmadığını anlatmaya çalışıyor.

Hastane çalışanları bu durumda dikkatlerini şoförü anlamaya verirlerse, hastayı gerektiği gibi tedavi edemezler, değil mi? O sırada önemli ve öncelikli olan, hastanın durumunun anlaşılması ve tedavi edilmesidir; şoförün durumu, bundan ayrı bir meseledir.

İşte, çocuklar ve yetişkinler arasındaki ilişkilerde de öncelikli olarak anlamamız gereken kişi, yetişkin değil, her zaman çocuktur. Buradaki şoför, çocuğa karşı bilerek ya da bilmeyerek herhangi bir hata yapan yetişkine benziyor. Anlatılan hikâyedeki şoför gerçekten de suçsuz olabilir. Şoförün, kendisini temize çıkaracak nedenleri olabilir. Fakat bunlar, biz hastanın durumunu anlamaya ve tedavi etmeye çalışırken önemli değillerdir. Hastanın durumunu anlamak yerine şoförün durumunu anlamaya odaklanırsak dikkatimiz dağılır; hastayı anlamamız için gerekli ilgi ve düşünme biçimini gösteremeyiz.

Çocuklar ve yetişkinler arasındaki meseleleri anlamaya çalışırken insanlar sıklıkla "Ama anne/baba ...", "Ama öğretmen ...", "Ama büyükler ..." ile başlayan cümleler kurar, yetişkinin çocuğa karşı hatalarını mazur göstermeye çalışırlar. Hâlbuki yetişkinin durumunu anlamaya çalışmamızın aslında konuyla ilgisi yoktur ve "Bir de yetişkinin gözünden bakalım," demek, çocuğun durumunu görmemizi engeller. Nitekim olayları hep yetişkinlerin gözüyle değerlendirmeye alışkınızdır ve zaten çocuklar da hem kendilerine hem olaylara yetişkinlerin gözüyle bakarlar. Çocukları ve çocukluğu gereğince anlayamamızın önemli bir nedeni budur.

Yetişkinsek de, çocukluğumuza dair bir şeyleri anlamaya çalışırken bir yandan anne-babamızı anlamaya çalışmamalıyız. Bu, tedavi edilecek hastayı anlamaya çalışırken durup, dikkatimizi şoföre vermeye benzer. Önce kendi acılarımızı tanımamız gerekir. Bahsettiğim şey anne-babayı suçlamak değil, kendimizin (yani, çocuğun) acılarını başka her şeyden bağımsız değerlendirebilmek. Çocuğun hayatı başka, yetişkinin hayatı başkadır. Yetişkin-çocuk *ilişkisi* söz konusu olduğunda yetişkini ve çocuğu aynı anda değil, ayrı ayrı ele alabilmek önemli.

Yasak Bilgi Yoktur

Çocuğun anne-babasından ayrı bir insan olduğunu, anne-babası gibi düşünmek zorunda olmadığını söylemiştim. Anne-babalar, tabii ki inandıkları herhangi bir şeyi "Ben böyle düşünüyorum/inanıyorum." diyerek, çocuklarına anlatabilirler. Fakat çocuğun kendisine anlatılanları sorgulama, ikna olma ya da olmama hakkı vardır.

Çocuk, istediği insandan istediği konuda bilgi yahut fikir alabilir. Sonunda hangi düşünceleri kendisine yakın bulacağı, çocuğun kendisine kalmıştır.

Çocuk olarak, ulaşabildiğim ve dinlemek istediğim her tür bilgiyi dinleyebilir ve kararımı kendim veririm. Eğer biri herhangi bir bilgiye ulaşmamın sakıncalı olduğunu ya da inandığım bir düşüncenin yanlış olduğunu söylerse bu, istismardır.

Bu açıdan bakarsak, hissetmesi yanlış olan his olmadığı gibi, ulaşılması yanlış olan bilgi de yoktur. Herhangi bir bilgiye ulaştığım ya da ulaşmak istediğim için kendimi asla suçlu hissetmemem gerekir.

Yine aynı mantıkla, yanlış fikirler de yoktur diyebiliriz.

Herhangi bir şey düşünebilir ve bunu istediğim gibi ifade edebilirim. Bu fikrim üzerine başkalarıyla tartışabilirim. Fikrimde bir hata olduğunu anlarsam eğer, fikrimi değiştirmekte özgürüm. Ama kimsenin, düşüncemle alay etme, onu aşağılama hakkı yoktur.

İşte bu yüzden fikirlerim, onlara sahip olduğum süre boyunca, yanlış değillerdir. Fikirlerimin yanlış olduğuna karar verdiğimde onları zaten değiştiririm. Bu konuda istediğim insandan ya da kaynaktan dilediğimce yardım almakta özgür olsam da fikirlerimin yanlış olması, ancak benim karar verebileceğim bir şeydir.

Kendimi İfade Etmem Yasaklanamaz

Çocuğun –ve dolayısıyla bireyin– hissettiği şeyin ne olduğunu tanımlaması, o ya da bu şekilde düşünmesi, hislerini, düşüncelerini, başına gelmiş herhangi bir olayı ifade etmesi yasaklanamaz. Bir çocuğa "Bu, aramızda sır. İkimiz dışında hiç kimse bunu bilmeyecek, bunu sakın kimseye söyleme," gibi cümleler kurmak istismardır.

Kendimle ilgili bir şeyi başkalarına söylemek adına üzerimde hiçbir baskı hissetmemem gerekir. Böyle bir baskı varsa bunun farkına varmalı ve o baskının kaynağı olan kişi ya da kişilerin buna neden ihtiyaç duyduğunu düşünmeliyim. Hem Türkiye'de hem dünyada kanunlar, çocuğun kendini ifade hakkını destekler. Çocuğun kendisiyle ilgili bir şeyi ifade etmesinin engellenmesi, açık şekilde yasaklanmıştır.

Kendimi ifade etmem engellenemeyeceği gibi, o ya da bu şekilde konuşmaya yahut konuşmamaya beni kimse zorlayamaz. İçimden gelmiyorsa, özür dilememe hakkım vardır. Özür dilememi isteyen kişinin gerekçelerini dinleyebilir, yine de ona hak vermeyebilir yahut kendimi özür dilemek zorunda hissetmeyebilirim. Aynı şekilde, affetmeme hakkım da vardır. Kimse beni kimseyi affetmeye zorlayamaz. Kimse beni affetmediğim yahut özür dilemediğim için kınayamaz.

Neden Kusursuzum?

Her çocuğun kusursuz olduğunu söylemiştim. Her insanın "içindeki çocuk" kusursuzdur; çünkü "içimizdeki çocuk", değişme ve gelişme kapasitesi anlamına gelir. Çocuk, özümüzdeki mükemmelliğin kendisidir.

Ben de olduğum hâlimle aslında kusursuzum. Farkında olmadan kendime yaptığım bazı şeylerle, kendi kusursuzluğumu kendim bozuyorum. Kusursuz olduğumu kendi içimde derinden kabul edebilirsem, bazen yaptığım gibi o kusursuzluğu bozmaya da artık ihtiyaç duymam.

Mutluluk, huzur gibi olumlu hislerimin kaynağı, kendimim. Korku, utanma, suçluluk, endişe, öfke gibi olumsuz hislerim ise, birilerinin bana yanlış davrandığını gösteriyor. Bu nedenle, korku, utanç, öfke, endişe, suçluluk gibi şeyler hissediyorsam eğer, bana kimlerin hangi davranışlarından ötürü böyle hissettiğimi bulmam önemli. Hiç korkmadan, bana bu duyguları yerleştirenlerin kimler olduğunu sorabilmeliyim kendime. Utanç ve suçluluk gibi olumsuz hislerimin kaynağını bulduğumda, bu hisleri değiştirebilirim.

Utanç ve suçluluk gibi hisler, doğuştan gelmezler. Bir

buçuk yaşına kadar hiçbir çocuk, utanma ve suçluluk hissetmez. Çocukların istismar edilmediği ailelerde ve toplumlarda, çocuk bir buçuk yaşından sonra da utanç ve suçluluk duymaz. Eğer utanıyor ya da suçluluk duyuyorsam, bu hissimin benden değil, uğradığım istismardan kaynaklandığını bilmeliyim. Utanç ve suçluluk çok kez, anne-babaların farkında olmadan çocuklarına yerleştirdiği duygulardır.

Neden Utanırız?

Bedenim her zaman, olması gerektiği gibidir. Bedenimle ilgili herhangi bir şeyden asla utanmamalıyım. Bütün hislerin normal olduğunu söylemiştim. Bütün hislerim normaldir, çünkü her biri –hem varlığı hem de şiddetiyle– benimle ilgili bir bilgi verir. Bedenimde var olan ya da olmayan herhangi bir durum veya herhangi bir değişiklik beni rahatsız ediyorsa eğer, bana hatalı şekilde davranmış ve hatalı düşünceler aşılamış birileri vardır.

Bir başkasının eyleminden dolayı da asla utanmamalıyım. Biri bana vuruyorsa eğer, bu, vuran kişinin eylemidir. Benim bundan dolayı utanmam gerekmez.

Leyla, Öğretmeninin Ona Taktığı İsimden Hoşlanmadı

Leyla üç buçuk yaşında. Bu sene anaokuluna başladı. Sınıflarında, Leyla isminde bir öğrenci daha var. Öğretmeni "Birinize 'Küçük Leyla', diğerinize 'Büyük Leyla' diyeceğim," dedi. Leyla, sınıftaki öğrencilerden biraz daha küçük yapılı. Arkadaşı Leyla ise tam tersine, sınıftaki öğrencilerden biraz daha iri.

Leyla da adaşı da öğretmenlerinin kendilerine taktığı isimlerden hoşlanmadılar. Leyla, öğretmeni ona "Küçük Leyla," diye seslendiğinde bedeninin küçük olduğunu düşünerek rahatsız oluyor. Arkadaşı da, ona her "Büyük Leyla" dendiğinde "Acaba ben fazla mı iriyim?" diye düşünüyor. "Büyük" ve "küçük" sözcüklerine takılıyor ve ikisi de kendilerini bedenleri içinde rahat hissedemiyorlar.

Halbuki bedenimizle ilgili şeyler söz konusu olduğunda, "fazla iri" ya da "fazla ufak" diye bir şey yoktur. Daha önce söylediğim gibi, bütün bedenler normaldir ve bütün bedenler kusursuzdur. Bedenimizden utanıyor, rahatsız oluyorsak eğer, birileri bize yanlış davranıyor demektir. Bize kimin nasıl yanlış davrandığını bulmalı ve kendimizi bu yanlış davranışa karşı korumalıyız.

Kendimi bedenimin içinde rahat hissediyor muyum? Hissetmiyorsam, neden? Bedenimle ilgili sevmediğim şeyler var mı?

Leyla, Yemeğini Hızlı Yemek İstemiyor

Leyla, yemeğini yavaş yemeyi seviyor. Zaten sağlıklı olan da yemeği yavaş yemek. Yemeğimizi ne kadar yavaş yersek, aldığımız besinden o kadar çok faydalanırız.

Leyla, annesi ve babası, bu nedenle sofrada uzun vakit geçiriyorlar. Leyla, sofradakilerden hangisinin tadına bakmak isterse onun tadına bakıyor, bir onu bir diğerini deniyor, hiç acele etmiyor. Lokmalarını uzun uzun çiğniyor.

Leyla'nın okuldaki arkadaşları yemeklerini daha hızlı yemeye alışmışlar. Sofraya oturduklarında, önlerindeki yemek çabucak bitiyor. Yemeklerini bitirince, yemek yemekle meşgul Leyla'ya dönüyorlar. "Bakın, Leyla yemeğini hâlâ bitiremedi! Yemeğini bitiremediği için büyüyemeyecek ve küçük kalacak!" diyorlar. Leyla onların bu davranışından çok inciniyor.

Leyla, yemeğini yavaş yediği için utandığını fark etti. Üstelik, yavaş yediği için büyüyemeyeceğinden korkuyor. "Ben çok mu küçüğüm?" diye soruyor.

Kimi bedenler küçük, kimileri büyük. Kimileri kısa, kimileri uzun. Ama bütün bedenler güzel. Zaten hepimiz aynı boyda, aynı kiloda olsaydık, hepimiz aynı saç ve aynı göz rengine sahip olsaydık, dünya çok sıkıcı bir yer olurdu; öyle değil mi?

O zaman Leyla bu asılsız endişeye neden ve nasıl kapıldı?

Leyla Okula Gitmek İstemiyor

Leyla öğretmeninin ve arkadaşlarının ona "küçük" demesinden rahatsız.

Leyla okulda onu rahatsız eden şeyleri anne-babasına anlattı. Anne-babası Leyla'nın öğretmeniyle konuştular, ama okulda Leyla'yı üzen şeyler devam etti. Leyla okula gitmek istemiyor. Anne ve babası, Leyla'ya "Eğer istemiyorsan okula gitmek zorunda değilsin," dediler.

Leyla artık okula gitmiyor.

Siz bu konuda ne düşünüyorsunuz? Leyla okula gitmeli mi? Sizce tüm bunlar neden yaşandı?

Meseleye bir de şu açıdan bakalım: Siz olsaydınız bu sorunları nasıl çözerdiniz? Leyla'ya neler söylemek isterdiniz?

Can, Otobüste Yer Vermeli mi?

Babası Can'a, yetişkinlerin çocuklardan çok daha kolay yorulduğunu anlatmıştı. Can saatlerce top oynasa da hiç yorulmuyordu. Ama babası Can'la yarım saat top oynadıktan sonra terliyor, nefes nefese kalıyor, dinlenmesi gerektiğini söylüyordu. Çocukların enerjisi yetişkinlere göre çok daha fazlaydı.

Babası Can'a, otobüs, metro gibi toplu taşıma araçlarında ayakta durmanın bir yetişkin için çok daha zor olabileceğini de anlattı. Özellikle yaşlılar ve hamileler için ayakta kalmak hayli güç olabiliyordu. Fakat babası, Can'a toplu taşıma araçlarında yerini vermesi gerektiğine dair bir şey söylemedi. Yerini vermek ya da vermemek, Can'a kalmış bir şeydi. Can, yerinden yahut herhangi bir şeyden fedakârlığı, kendisi isteyerek yapmalıydı. Bir başkası ondan bunu beklediği için değil.

Can otobüste, metroda, tramvayda ne zaman ayakta kalmış bir yetişkine rastlasa, aklına babasının sözleri geliyordu. Can yerini verdiğinde bir yandan, ne kadar güçlü ve enerjik olduğunu hatırlıyor ve kendisini cömert, cömertliğinden ötürü de mutlu hissediyordu. Bu mutluluğun nedeni, birine iyilik etme hissiydi.

Eray'a ise, yerini her zaman vermesi gerektiği öğretilmişti. Eray otobüste bir yetişkin görür görmez kalkıyor ve yetişkine yer veriyordu. Fakat Eray, bunu yaparken kendisini Can gibi güçlü, enerjik ve cömert hissetmiyordu. Tersine, "Ben oturacak bir yeri hak etmiyorum. Oturulacak yerler, önce yetişkinlere aittir. Tüm yetişkinlerin oturduğu bir alanda boş yer varsa ancak o zaman çocuklar oturabilirler," diye düşünüyordu. Eray yer verdiğinde, Can gibi fedakârlıkta bulunduğunu, iyilik ettiğini hissetmemişti hiç. Yaşlı bir teyzenin market poşetlerini taşımasına yardımcı olduğunda da, Can gibi iyi, güçlü, cömert hissedemiyordu kendisini.

Can bir gün yorgun ve hastaydı; anne-babasıyla birlikte, hastaneden dönüyorlardı. Metro kalabalıktı. Ayakta duran biri, Can'ın annesiyle babasına, bir çocuk böyle otururken yetişkinlerin ayakta durmasının saygısızlık olduğunu söyledi. Onları, çocuklarına terbiye vermemekle suçladı.

Can, otobüste yer vermeli mi? Can yer verdiğinde kendisini güçlü ve cömert hissederken Eray'ın tam tersine güçsüz hissetmesinin sebebi ne?

Eve Giren Kuş

Can, Eray ve Can'ın kardeşi Duru, Erayların yazlık evinde oynuyorlardı. Açık pencereden içeri, küçük bir serçe girdi birdenbire. Çocuklar heyecanlandılar. Serçe de heyecanlanmıştı. Dışarı nasıl çıkacağını bilemiyor, evin içinde bir o yana bir bu yana uçuyordu korkuyla.

Can ileri atıldı. Serçeyi avcunun içine aldı ve pencereden dışarı bıraktı. Sonra, iki koluyla, kendisini ne kadar güçlü hissettiğini gösteren bir işaret yaptı. Kuşun Can'ın avuçlarından uçup gitmesiyle, sevinç çığlığı atmışlardı çocuklar bir ağızdan. Kendilerini bu kuş gibi özgür hissediyorlardı şimdi.

Eray, Can'ın kuşa doğru hamlesini düşündü. Kuşun kurtulmasını üçü de istemişlerdi, ama hiç duraksamadan ileri atılan sadece Can olmuştu. "Can'ın hamlesini izlemek bana büyük keyif verdi, kendimi özgür ve güçlü hissettirdi. Aynı hamlede bulunmayı isterdim, ama bunu yapmak hiç aklıma gelmezdi," diye düşündü.

Eğer Can olmasaydı, Eray bir kenarda durup kuşun çıkmasını veya bir yetişkinin gelip kuşu Can'ın yaptığı gibi pencereden salmasını bekleyecekti. Eray şimdi, onu aynı hamlede bulunmaktan alıkoyan nedeni merak ediyor. Bu kitabı okuyunca, kendisini engelleyen şeyin ne olduğunu anlamaya başladı.

Sizce Can'ın ve Eray'ın kuşa karşı davranışlarındaki farkın nedeni ne?

Pencereye Konan Serçe

Can'ın pencereden salıverdiği serçe, uçtu, uçtu, uçtu ve uzaklarda bir pencereye kondu. İçeride bir çocuk oturuyordu. Çocuk, pencereye konan serçeye merakla baktı. İçinden, kalkıp serçenin yanına gitmek geliyordu, ama bunu yapamıyordu bir türlü. Bir masanın etrafında, iki yetişkinle birlikte oturmaktaydı o sırada. İki yetişkin, çocuğa uyguladıkları bir sınav hakkında konuşuyorlardı. İki yetişkin kendi aralarında konuşuyor, konuşuyor, konuşuyorlardı. Çocuk çok sıkılıyordu. İki yetişkin konuşurken canı çok sıkılarak oturuyor ve penceredeki serçeyi izliyordu. Çocuk serçenin yanına gitmek istiyor, ama bunu yapamıyordu.

Sonra, serçe kanatlanarak uçtu. Çocuk serçenin uçup gitmesini izledi oturduğu yerden. İki yetişkin hâlâ konuşuyordu.

Sizce çocuk, neden istediği halde serçenin yanına gidemedi?

Sizce serçe, nereye uçtu?

Demir Uyumalı mı?

Demir, uykuya dalmakta bir süredir güçlük çekiyor. Yatağında bir sağa bir sola dönüyor ve onu bir türlü uyku tutmuyor. Annesi Ebru, Demir'e "uyuman gerekli," dedi; "sabah okul var ve uykunu alamazsan okula halsiz gidersin."

Demir de uyumak istiyor, ama neden uyuyamadığını anlayamıyor.

Annesi Ebru, bu gece ona farklı bir şey söyledi: "İnsanlar bazen uyuyamıyor. Ben de bazen uyuyamıyorum. Uyuyamazsan, bu, dünyanın sonu değil. Uyuyamamış olursun alt tarafı."

Demir annesinin söylediklerini düşündü. Ve derin bir uykuya daldı!

Bana da böyle oluyor. "Muhakkak uyumam lazım. Yoksa sabah çok kötü olacak," dersem kendi kendime, bir türlü uykuya dalamıyorum. "Aman canım, uyuyamazsam da uykusuz giderim gideceğim yere. Dünyanın sonu değil ya!" diye düşünürsem, çok daha kolay uyuyorum.

"Şunun şöyle olması gerekiyor. Yoksa çok kötü olur!" düşüncesini aklımızdan çıkarırsak, yapılacak şeyi çok daha kolay yaparız. Uyumak keyiflidir. Deneyler yapmak, haritalara bakmak, kitaplar okumak da öyle. Sevmediğimiz bir kitap varsa eğer, bu, kitapları sevmediğimiz anlamına gelmez. Seveceğimiz çok sayıda başka kitap bulabiliriz.

Bize özgür olmadığımızı söyleyen ya da hissettiren birileri varsa eğer, bu kitabı yeniden okuyarak bu konuda neler yapabileceğimizi bir daha düşünebiliriz!

Sevgili Çocuk

Sevgili Çocuk,
Ben, senim. Ben senin içinde var olan çocuğun kendisiyim. Senin içinde bir ses var. Neyin doğru ve neyin yanlış olduğunu her zaman bilen bir ses. Bu kitapta yazılmış her şeyi, o ses zaten en başından biliyordu. Fakat bize öğretilen yanlış şeyler yüzünden biz maalesef o sesi artık duyamıyoruz. Bu kitabın amacı, bastırmaya alıştığın o sesi yeniden duyabilmek. Bu kitabın amacı, içindeki çocukla yeniden iletişim kurmanı kolaylaştırabilmek.

Sevgili Çocuk,
Sana hangi durumda ne yapman gerektiğini ben söyleyemem. Ama, duyabilirsen eğer, o ses söyleyecek.

Sevgili Çocuk,
Dünyada senden bir tane daha yok. Sen, özelsin. Karşına çıkan durumlar da öyle. Kendini en iyi sen tanıyorsun. İşte bu yüzden, senin için en doğru olanı, senden başka hiç kimse bilemez. Karşına çıkan durumlarda yapılması gereken şeyi,

sana senden başkası söyleyemez. Neyin doğru, neyin yanlış olduğunu bilen ses, senin içinde. Kafan karıştığında, seni mutsuz, huzursuz eden şeyin ne olduğunu bulamadığında, ne yapman gerektiğinden emin olamadığında yine oraya, içine dönmeni isterim. Kitaba döndüğünde de döndüğün yer, aslında orası. Hiç kimse, sana zaten senin içinde olmayan bir şeyi gösteremez.

Sevgili Çocuk,
Annen, baban, öğretmenin, herkes ama herkes hata yapabilir. Kimi zaman, bu hatayı sana karşı yapabilir, seni yanlış yönlendirebilirler. Sana gösterdikleri yol, doğru yol olmayabilir. Evet, herkes ama herkes hata yapabilir; ama bu, içlerindeki o sese uymadıkları içindir. Biri sana içindeki sesle uyumlu olmayan bir şey söylediğinde hep bunu hatırla. İçindeki sesin bir türlü kabul edemediği bir şey, doğru olamaz.

Sevgili Çocuk,
Herkes gibi sen de haksızlığa uğrayacaksın; ama bu sorun değil. Önemli olan, haksızlığa uğradığını bilmek. Çünkü insan haksızlığa uğradığını fark edebilirse kendisini koruyabilir. Bu kitap boyunca, sana karşı yapılan olası hatalardan bahsettim. *Eğer yapılan şeyin hata olduğunu anlarsak bu hata bize zarar veremez.* Bunu hep aklının bir köşesinde tut ve içindeki sese söyle. O sana kimin ne şekilde hata ettiğini ve kendini ne şekilde koruyabileceğini anlatacak. İçindeki sesin yardımıyla, sana yardım edecek bir yetişkin bulabilirsin. Bu yetişkin bazen anne-baban, bazen öğretmenin, bazen amcan, teyzen gibi bir yakının, bazen okulundaki bir psikolog ya da danışman, bazen bir polis olabilir. Aslında bu

kişi, herhangi biri olabilir: yeter ki içindeki sese doğru cevap verebilen biri olsun.

Sevgili Çocuk,
Sen bu hâlinle güzel, sen bu hâlinle akıllı, sen bu hâlinle yeteneklisin. Kimse senin ne kadar güzel, ne kadar akıllı, ne kadar yetenekli olduğunu fark etmemiş olabilir; ama yine de öylesin. Bunu sen bilirsen, gerçekten bilirsen eğer, artık başka birinin bilmesine de ihtiyacın kalmaz.

Sevgili Çocuk,
Özgürsün. Kim ne derse ya da ne yaparsa yapsın özgür olduğunu yeniden hatırlayabilir, gücünü ve özgürlüğünü eline alarak harekete geçebilirsin.

Sevgili Çocuk,
Oradasın. Ve bu kitapta sözü geçen her şeyi tek başına başarabilirsin.

SON

NİHAN KAYA
İyi Aile Yoktur
ya da paradoks şu ki iyi aile, "İyi aile yoktur" düsturuyla hareket edebilen ailedir.
PSİKOLOJİ
ithaki

NİHAN KAYA
İyi Toplum Yoktur
GÜNLÜK HAYATTA TOPLUMUN
BİREYİ İSTİSMAR BİÇİMLERİ
PSİKOLOJİ
ithaki